LE MARIAGE

DE

L'EMPEREUR DE LA CHINE

(Extrait du Rituel Impérial)

par

C. de HARLEZ

LOUVAIN

J.-B. ISTAS, IMPRIMEUR-ÉDITEUR

90, rue de Bruxelles, 90

—

1892

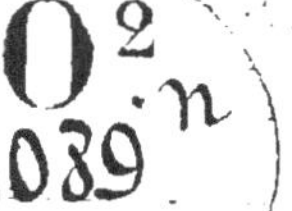

LE MARIAGE

DE

L'EMPEREUR DE LA CHINE

(Extrait du Rituel Impérial)

PAR

C. de HARLEZ

———

LOUVAIN

J.-B. ISTAS, IMPRIMEUR-ÉDITEUR

90, rue de Bruxelles, 90

—

1892

LE MARIAGE DE L'EMPEREUR DE LA CHINE.

(Extrait du Rituel Impérial.)

Les Chinois, grands amateurs de cérémonies, ont entouré celle du mariage de formalités aussi longues que fastidieuses. Aussi les auteurs européens ne nous en ont-ils donné, avec raison, que des relations écourtées.

Déjà au VIIe siècle avant notre ère les rites du mariage étaient des plus compliqués. L'I-li, cérémonial officiel publié vers cette époque, n'a pas moins d'une trentaine de pages grand in 8° d'une impression serrée, pour les décrire sommairement (1). Le temps n'a fait naturellement que d'en accroître le nombre et multiplier les détails, mais pour l'union entre personnes privées nous n'avons plus de code authentique ; l'usage seul fait encore loi.

Ces coutumes sont consignées dans le Rituel domestique du Philosophe Tchou-hi (2) qui vivait au XIIe siècle de notre ère, mais nous ne trouvons là que des indications plus ou moins générales qui ne nous initient nullement aux détails minutieux des règles matrimoniales.

Nous n'avons nullement l'intention de combler cette lacune et nous nous proposons uniquement de faire connaître les règlements officiels qui président au mariage du souverain monarque des quatre cent millions d'habitants de l'Empire des Fleurs.

Nous les puiserons, non point dans des récits de voyageurs aux souvenirs plus ou moins fidèles et qui d'ailleurs n'ont point accès dans les palais mystérieux où se dérobe la majesté du Fils du ciel, mais dans le code authentique composé, publié par

(1) Voir ma traduction de cet ouvrage. Livre II. *Rites du Mariage.*
(2) Voir ma traduction du *Kia-li* de Tchou-hi. Chap.

ordre et sous la direction des empereurs eux-mêmes et dont les décrets sont suivis avec une ponctualité parfaite.

Ce code est l'œuvre d'une nombreuse commission de savants réunie et dirigée par le puissant et savant empereur qui régna sous le nom de Kang-hi de 1662 à 1723. Revu et augmenté par K'ien long (1), plus illustre encore que son grand-père, il a reçu sa forme et sa sanction définitive du descendant de ce dernier, l'empereur Tao-kouang, il y a une cinquantaine d'années ou peu s'en faut. Nous le possédons en trois magnifiques petits in folio, imprimés avec le plus grand soin et une grande correction.

Je ne m'arrêterai pas à le décrire en tout ou en partie, mais allant droit au but, j'en extrairai le Titre qui répond au sujet dont je veux entretenir mes lecteurs et je les introduirai immédiatement sur la scène de cet évènement si important pour les destinées de l'empire chinois. Car bien qu'enfermées dans leur Gynécée et privées de tout droit de s'occuper des choses extérieures, les épouses des Souverains Chinois ont presque toujours exercé sur leur auguste époux une influence considérable ; plusieurs même l'ont gouverné réellement.

Mais avant cela il est nécessaire de donner certaines explications sans lesquelles notre texte serait difficilement intelligible. Nous serons du reste très bref à ce sujet.

Le palais de l'empereur chinois dont il est parlé plusieurs fois dans notre livre n'est point un édifice plus ou moins considérable comme ceux des rois européens ; mais il forme une longue suite de bâtiments complètement séparés les uns des autres par des cours ou des jardins. On n'en compte pas moins d'une vingtaine qui se succèdent en ligne droite du nord au sud. Chacun a son nom qui malheureusement a varié plusieurs fois depuis deux siècles, ce qui ne permet point de reconnaître et de déterminer toujours à quels quartiers appartiennent les noms que l'on trouve dans l'un ou l'autre auteur chinois ou européen.

(1) De 1736-1796.

En outre les plans et descriptions qui nous ont été donnés de ces palais par les Chinois ou les résidants européens diffèrent à tel point que l'on a peine à s'imaginer qu'il s'agisse d'un seul et même objet.

Il nous sera donc souvent impossible de dire avec exactitude, quand nous rencontrerons un de ces noms, auquel de ces bâtiments il doit être rapporté. Cela n'a, du reste, aucune importance. Aussi nous nous bornerons à dire que le quartier le plus reculé vers le nord renferme les palais réservés aux Impératrices et épouses impériales. Au milieu est le quartier privé de S. M. le Fils du ciel. En avant, vers le sud, sont les diverses salles de réception, d'audience, de délibération des conseils.

Ces bâtiments isolés sont de vrais petits palais très richement ornés ; ils contiennent de grandes salles, au milieu, et toute une rangée de plus petites, sur les côtés. Ces palais n'occupent que le premier étage, ils sont élevés sur des voûtes qui forment trois arceaux ; on y monte par trois escaliers extérieurs de pierre ou de marbre artistement travaillés et qui conduisent d'abord à une plate forme de marbre s'étendant devant et autour des salles de chaque appartement. Les salles ont aussi trois portes ; celle du centre comme l'escalier du milieu est réservée à l'Empereur.

Tous ces quartiers ont des noms qui indiquent la paix, la concorde, le bonheur diversement qualifiés.

2. Les simples humains quand ils veulent contracter mariage doivent d'abord demander le consentement de la famille de l'élue. A cet effet le jeune homme lui envoie un messager, un entremetteur avec une carte portant les noms et la date de sa naissance, heure, jour, mois et années.

Si tout est au gré des parents de la jeune fille, ils renvoient au sollicitant une carte donnant des indications identiques sur le compte de celle-ci. Les jeunes gens sont ainsi fiancés.

Mais on comprend que le Fils du ciel n'ait point à se soumettre à une épreuve de ce genre ; quand il a choisi l'une de ses compagnes ou toute autre jeune personne pour s'asseoir sur le trône avec lui (expression européenne), il n'est pas question de la lui refuser. Il se contente donc de mander un envoyé porteur d'un écrit où l'empereur témoigne sa volonté de prendre telle demoiselle pour épouse-impératrice. Cet écrit, comme on le verra, est accompagné d'une lettre de créance accréditant le messager impérial auprès de ses futurs beaux-parents, ou plutôt d'une tablette portant l'indication de ses titres, et du grand sceau de l'empire qui fait foi de la volonté impériale et que l'on entoure d'un respect tout particulier.

3. L'empereur de la Chine a trois genres d'épouses.

a) L'impératrice partageant le titre et les honneurs de l'autorité.

Il n'est pas sans exemple que deux princesses aient été élevées en même temps à ce rang. Elles s'appellent *Hoang-heou*, Princesse-épouse Auguste.

b) Les épouses de second rang *Hoang-kuei-fei* (épouses élevées augustes) parmi lesquelles le Maître du monde chinois choisit souvent la souveraine de l'empire.

c) Les épouses secondaires, vulgairement appelées concubines, et dont le nombre a parfois rappelé le souvenir de la cour de Salomon.

Il s'agit ici d'une Hoang-heou ou impératrice, la seule avec laquelle le souverain contracte une union solennelle et réglée par les rites.

4. Le Fils du ciel ne se soumet pas non plus à toutes les formalités exigées dans les unions matrimoniales de ses sujets. Tout, en ce qui le concerne, a un caractère plus rationnel et plus sérieux. Elles n'ont, du reste, rien de religieux que l'annonce au ciel et à la terre et quelques chants dont, malheureusement, le texte ne nous est point donné.

Ces cérémonies comprennent dix actes principaux :

1. Préparation des objets nécessaires.
2. Envoi et lecture de l'édit annonçant le mariage ; envoi des présents de fiançailles.
3. Banquet donné aux parents de la mariée.
4. Envoi des présents de noces.
5. Déclaration du mariage.

6. Cérémonies du mariage proprement dit.

7. Le cortège va chercher la future impératrice ; sa réception.

8. Union des coupes ; consécration de l'union conjugale.

9. Visites de la mariée.

10. Félicitations et banquet final.

Ces indications suffiront, je pense, pour permettre de comprendre la nature et l'ordre des cérémonies. Voyons maintenant ce que nous en dit notre texte, car nous n'y ajouterons rien de nous-même.

LE MARIAGE IMPÉRIAL DE L'EMPEREUR DE LA CHINE D'APRÈS LE CÉRÉMONIAL OFFICIEL.

I.

PRÉPARATIFS. — ENVOI DES PRÉSENTS DE FIANÇAILLES ET DU DÉCRET DE MARIAGE.

Lorsque le décret suprême décidant le mariage impérial est descendu du trône, la cour des Rites (1) le fait publier dans tout l'empire. Alors chacun de ceux qui ont une charge à remplir dans cette cérémonie auguste, prépare ce qui est de son ressort.

On consulte le sort (2) pour déterminer le jour propice à l'envoi des présents de noces et le reste, on choisit les présents et fait toutes les cérémonies dont on va voir l'exposé.

(1) On sait que toute l'administration du vaste empire chinois est placée sous la direction d'un certain nombre de cours suprêmes siégeant à Peking. Parmi celles-ci il y en a six qui occupent un rang supérieur et qu'on appelle pour cette raison *lu-pu* ou les six cours. La cour des rites est de ce nombre. Elle est chargée de veiller à la conservation et à l'observation des rites, c'est-à-dire de toutes les règles des actes ayant un caractère public et officiel, qu'ils appartiennent à l'ordre civil, à l'ordre des choses militaires ou à la religion. Ils surveillent la confection des objets, des instruments qui servent en toutes les cérémonies et les cérémonies elles-mêmes.

(2) C'est la cour d'astronomie qui est chargée de ce soin. Elle fonctionne ici comme corps d'astrologie.

Le Li-pou (1) réuni fabrique la tablette d'or et le sceau d'or (2). La cour des Han-lin (3) compose le texte à inscrire sur la tablette, puis on le présente à l'approbation impériale. On le porte ensuite à la grande chancellerie pour le faire graver respectueusement, selon la règle ordinaire et les rites de l'envoi des présents.

La cour de la maison impériale (4) prépare dix attelages de chevaux (avec selles et brides), dix cuirasses (5), cent pièces de soie, deux cents pièces de nankin.

Quand le moment approche, la cour des rites envoie un de ses présidents solliciter l'ordre impérial pour porter les présents à l'impériale fiancée. Un chambellan de la cour du palais lui est donné comme assistant. Le jour venu, dès la première aurore, les officiers de la cour des rites et de celle des cérémonies (6) vont poser au beau milieu de la salle Tai-ho (7) une table destinée à porter le sceau impérial (8) et dans la direction de l'est à l'ouest.

Alors deux officiers de la Grande chancellerie viennent de son palais déposer ce sceau sur cette table et se retirent. D'autres appartenant à la Maison impériale apportent un pavillon orné de dragons (9) où l'on met les cuirasses, les soies et les toiles ; ils les déposent à droite et à gauche au-dessus de l'escalier impérial et les attelages au bas. Les deux adjudants

(1) La cour des rites.

(2) Cette tablette contient l'ordre impérial décrétant et annonçant son mariage ; le sceau impérial qui l'accompagne lui donne son authenticité. C'est le sceau qui atteste la mission du messager.

(3) Haute cour de science et de littérature bien connue.

(4) La cour de la maison impériale dirige tout ce qui se fait au palais et veille à ce que tout y soit en ordre.

(5) Litt. casques et cuirasses, armures ; destinées, sans doute, aux gardes de la souveraine. Ailleurs il y a *ma-kia* cuirasse de cheval. Ce serait l'armure des chevaux donnés en présent.

(6) Dépendance de la cour des rites, chargée spécialement du soin des cérémonies où figure l'empereur.

(7) La salle *Tai-ho* est celle où l'empereur donne les audiences aux grands *personnages*.

(8) *Tsit*. Le sceau de l'empereur servant à le représenter. Celui que l'on reporte à l'empereur est un autre portant les noms et désignation de l'impératrice, la date de sa naissance, heure, jour, mois et année.

(9) Le dragon est l'emblème du souverain.

viennent dans une attitude respectueuse, se mettre à l'est du vestibule du palais ; deux officiers de la cour cérémonielle se placent à leur suite, du côté droit. Un membre du grand conseil, porteur du grand sceau impérial, se met sous la corniche de la salle ; à sa droite se range un membre de la cour des cérémonies, un peu en arrière.

Tous sont en habits de cour et se tiennent tournés vers l'ouest. Deux cérémoniaires, destinés à crier les rubriques, également en habits de gala, se posent devant les piliers à l'est et à l'ouest de la salle à l'extérieur et regardant l'est et l'ouest.

Quand enfin arrive le moment annoncé comme propice par la cour d'astronomie, les cérémoniaires avertissent les assistants d'avoir à se mettre à leurs places et rangs, en bon ordre et avec l'extérieur grave, composé, comme il convient à la cérémonie ; les commissaires les mènent à l'est du vestibule impérial où ils se mettent aux lieux et places qu'ils doivent occuper pour s'incliner et se prosterner pendant la solennité. Là ils se posent tournés vers le nord, rangés d'après l'ouest (1). Au cri des cérémoniaires ils avancent d'un pas, s'agenouillent trois fois, se prosternent neuf fois en frappant la terre du front, puis se relèvent.

Les commissaires montent alors l'escalier de l'est et vont se mettre au haut de l'escalier impérial, tournés vers le nord. Celui qui est chargé de l'ordre impérial fléchit le genou. Celui qui doit le publier se met à la gauche de la porte du milieu de la salle, regardant l'ouest, et là il fait la proclamation suivante :

« L'auguste souverain a décrété d'accomplir les vœux de la Vénérée impératrice-mère, et s'engage à faire impératrice la demoiselle X. de la famille Z. Il ordonne que ses ministres prennent le sceau d'empire afin de faire les présents selon les rites sacrés ».

Aussitôt que le cérémoniaire hérault des ordres impériaux a

______

(1) C'est-à-dire les plus élevés en rang sont à l'ouest.

fini cette annonce, un grand secrétaire d'État vient dans la salle par la porte de gauche, prend le sceau sur la table et va par le battant gauche de la porte du milieu au haut de l'escalier impérial, le donner au messager impérial qui le prend. L'adjudant de cet officier resté à genoux pendant ces préliminaires, se lève, marche devant son chef et le conduit au pavillon par l'escalier du milieu et l'on y dépose le grand sceau de l'empire.

Un intendant de la maison impériale amène alors les porteurs du pavillon orné de dragons et d'objets divers et l'on descend l'escalier de la salle de la Grande Paix.

Des gardes du palais marchent en avant ; des gardes impériaux le suivent avec les chevaux. On sort de la salle par la porte du milieu. On se rend à la demeure de la future impératrice.

Là on s'est préparé à recevoir les délégués impériaux d'une manière convenable.

Le père de la fiancée a fait tout nettoyer, balayer parfaitement par ses fils ; ses gens ont placé une table au milieu de la salle de réception de l'est à l'ouest ; puis deux autres l'une à droite, l'autre à gauche, du nord au sud.

Cependant le messager impérial arrive portant le sceau du souverain. Arrivé à la porte de la maison, il descend de cheval. Le père de la princesse s'avance au devant de lui jusqu'en dehors de la porte du chemin et se met du côté gauche de la route ; là il s'agenouille et ne se relève que quand l'envoyé impérial est passé. Celui-ci entre par la porte du milieu (1), monte dans la salle *tang* (2) par l'escalier médial et va déposer le précieux objet qu'il apporte, sur la table préparée pour la recevoir.

Son adjudant se retire à l'est de cette table et s'y tient en face de l'ouest. La pavillon à dragons entre alors à leur suite et ses porteurs s'arrêtent à l'extérieur de la porte de la salle.

L'officier du palais qui fait partie du cortège monte à son tour et vient poser les présents sur les deux tables latérales.

(1) Comme représentant la personne et portant une missive de l'empereur.
(2) La grande salle de réunion de la famille qui suit la première.

Les gardes conduisent les chevaux dans la cour et les rangent à droite et à gauche.

Quand tout est mis en ordre de cette manière, le père de la mariée resté derrière le cortège, monte par l'escalier de l'ouest et vient se mettre à genoux, en face du nord, en dehors de la porte de la salle de réception.

L'envoyé s'avance vers lui et, tout en regardant l'ouest, il lui présente le sceau impérial accompagnant les dons de fiançailles, puis retourne à sa première place.

Le père s'agenouille alors trois fois et se prosterne neuf fois, se relève et reçoit les présents exigés par les rites.

Là dessus l'envoyé impérial reprend son insigne et sort suivi de son lieutenant. Le père de la princesse s'agenouille à son passage, puis le reconduit jusqu'en dehors de la grande porte.

Tout le cortège se retire également, l'envoyé remonte à cheval et va rendre compte à l'Empereur de l'exécution de sa mission, puis remettre le sceau au mandarin chargé de sa garde. Ainsi se font les présents d'alliance.

§ III. Banquets donnés aux parents de la mariée.

Quand cette cérémonie est finie on prépare un banquet dans la demeure de l'impératrice. L'empereur invite lui-même les princesses impériales, et les grandes dames à donner un festin à la mère de la souveraine dans le quartier intérieur (1) du palais.

Les chambellans impériaux, les officiers de la garde, les Kongs et Heous des huit bannières (2) et les grands des degrés inférieurs (3) jusqu'au second, par ordre souverain, fêtent de

(1) Le quartier des impératrices, des femmes.

(2) Ce sont les huit divisions de l'armée mandchou-mongole qui constitue la force principale de l'empire. Chaque division a une bannière spéciale ; de là leur nom. Elles forment un corps de 800,000 hommes environ. Au temps de la féodalité les *Wangs* étaient des rois, les *Kongs* formaient le premier degré au-dessous des rois et les *Heou* le second. On les a dénommés *ducs* et *marquis*. Mais quelle ressemblance !

(3) Tous les fonctionnaires civils et militaires sont divisés en un certain nombre de degrés jouissant de privilèges spéciaux. Entre ces degrés tous sont répartis indépendamment de la nature de leurs fonctions, en sorte que chaque degré est formé de plusieurs classes de fonctionnaires.

la même manière le père de l'épousée dans le quartier des hommes.

A ce dernier banquet tous doivent porter l'habit de cour ; le père de l'impératrice y joue le rôle d'invité, d'hôte et en a tous les honneurs ; il occupe la première place du côté de l'est (1).

Au banquet des princesses, toutes les assistantes portent les robes de fête et la mère de l'épousée, traitée comme l'invitée, prend place tout en haut du côté de l'ouest.

Chacun occupe le siége du degré que lui assure son rang. On passe le vin trois fois selon les règles ordinaires des *Yĕn* (2) ou festins dont les boissons, les liqueurs font l'objet principal.

Ceci est le second acte de la cérémonie, auquel succède l'envoi des dons nuptiaux.

IV. Envoi des présents de noces.

Les officiers chargés de cette fonction préparent deux cents liangs d'or (3) et dix mille d'argent, une téière d'or et deux d'argent ainsi que deux plats, mille pièces de soie, vingt chevaux caparaçonnés et vingt autres ainsi que vingt équipements et couvertures de chevaux (4).

On donne au père et à la mère de la mariée cent liangs d'or et cinq milles d'argent, une téière d'or et une d'argent avec un plat de même métal, cinq cents pièces de soie, dix pièces de nankin, et six chevaux caparaçonnés (5) ; en outre, une cuirasse, un arc avec son étui, des flèches avec un carquois ; puis, à chacun deux grandes robes, d'apparat doublées et deux costumes ordinaires complets, un d'hiver, l'autre d'été, une robe de peaux de renard et une ceinture.

(1) L'est est par lui-même le côté d'honneur.

(2) Les *Yen* forment une espèce établie de fêtes données à des hôtes étrangers à la maison ; on y sert des aliments aussi, mais le boire y joue le rôle principal.

(3) *Liang*. Valeur monétaire comptée au poids et qui a nécessairement varié avec les temps. Aujourd'hui il est estimé un peu moins d'un dollar et demi et 8 f. 50 environ, en monnaie française. Ici il ne s'agit que du poids qui est de 24 grains.

(4) *Ma-kia*. Voir la note 5, p. 357.

(5) dit le commentaire.

Aux frères de la nouvelle impératrice et à ses suivants, des habillements divers selon la qualité de chacun.

Les officiers de ce service vont placer les dons d'étoffe au haut de l'escalier impérial et les autres objets au bas des marches.

V. Déclaration du mariage.

Après cela le Li-pou envoie un délégué, commissionné à sa demande par l'empereur, porter la lettre impériale et le sceau dans la salle Tai-ho avec toutes les cérémonies qui ont accompagné le dépôt des dons nuptiaux. Ce délégué se rend ensuite à la demeure de l'impératrice. Là, un officier prend et place les présents d'étoffes dans la grande salle et les dons d'objets divers en haut de l'escalier. Quant aux chevaux on les conduit et les attache au milieu de la cour.

L'envoyé du souverain présente la lettre impériale et en donne lecture ; le père de la mariée l'écoute à genoux et l'on fait toutes les cérémonies de la remise des présents de noces. Quand c'est fini, le père descend et se rend dans la cour avec ses fils pour vénérer le sceau impérial.

Là il s'agenouille trois fois en se prosternant neuf fois et puis va se mettre en dehors de la grande porte.

La mère sort aussi accompagnée de toutes les dames de la maison et se rend dans la cour du côté de l'ouest. Elles y font six inclinaisons profondes, puis trois génuflexions et six prosternations devant le sceau. Cela fait elles se retirent toutes et l'envoyé emporte sa tablette.

Le père et les frères de la mariée s'agenouillent et l'accompagnent jusqu'à la porte et les assistants s'en retournent chez eux. Le délégué va rendre compte de sa mission, remet le sceau en place et rentre chez lui. Ainsi se fait le *Ta-tchang* ou « grande attestation, déclaration de mariage. »

Tout ceci n'est encore que préliminaire. Nous arrivons seulement au mariage lui-même,

VI. Cérémonie du mariage.

La veille de ce grand jour, des délégués impériaux vont annoncer l'événement au ciel, à la terre, à l'arrière-salle du temple ancestral (1), et au Feng-sien-tien (2) selon les rites ordinaires.

Ce même jour, on fait ce qu'on appelle le *Tchi-ying* ou la réception respectueuse.

Un membre de la grande chancellerie est, à la demande du Li-pou, chargé de présider à cette cérémonie ; un des présidents de cette cour lui est adjoint comme lieutenant. On leur forme une escorte composée de dix grands chambellans et dix officiers de la garde. Quatre dames tirées des rangs des hauts dignitaires du premier et du second degré, marchent en avant comme avant-garde, sept autres forment l'arrière-garde. Dix autres encore les accompagnent respectueusement et leur font suite. Ce même jour, l'office des équipages des dames du palais prépare celui de l'Impératrice mère et fait dresser les suspensoires des instruments de musique dans le pavillon de la salle dite *Tze-ning* ou des « Joies maternelles. »

Un officier des armes impériales apprête la natte aux prosternations de S. M. à l'extérieur du seuil de la porte de cette salle. Des officiers du Li-pou et de la cour cérémonielle placent les deux tables destinées à porter le sceau impérial, le décret et la tablette de créance, à l'intérieur de la salle Tai-ho et un pavillon à dragons en dehors de la porte de la grande chancellerie. La cour des équipages impériaux organise le cortége qui doit accompagner le souverain et Celle de Musique, fait poser les suspensoires et les instruments de l'orchestre.

Cela fait on amène le char de l'impératrice au pied de l'escalier de la salle Tai-ho et l'équipage de l'impératrice mère en dehors de la porte Wu ou du midi. Enfin les officiers du palais

(1) Celle où l'on remet les tablettes des ancêtres hors des temps de cérémonie.

(2) C'est un autre temple que le précédent. Le premier est le grand temple où se font les cérémonies solennelles. Le Feng-sien-tien est une chapelle de dévotion plus intime où l'empereur honore tous ses aïeux.

apprêtent la robe et le bonnet du côté du sud du char de l'épousée.

Dès l'aurore, les officiers de la grande chancellerie et du Li-pou viennent du Nei-ko apportant la tablette et le sceau d'or ; ils en lisent le texte puis les placent séparément dans les pavillons. En même temps le vice-président du Li-pou porteur du sceau de l'empire va dans la salle Tai-ho déposer cet objet précieux sur la table du milieu ; il dépose la tablette d'or sur celle de gauche et le sceau d'or sur celle de droite.

Alors tous les grands dignitaires, rois, princes, fonction-naires civils et militaires, annalistes, inspecteurs, et autres officiants arrivent en habits de cour et prennent les places assignées à chacun.

L'envoyé impérial chargé de recevoir le décret se tient à l'escalier du vestibule du palais ; les chambellans de l'arrière-garde, et les officiers de la garde impériale, se placent derrière eux portant également l'habit des plus grandes solennités. Auprès sont le grand secrétaire d'état por-teur de la lettre et l'officier de la cour cérémonielle chargés de la tablette et du sceau de créance ; les membres de la grande chancellerie et de la cour des rites se tiennent sous la corniche, dans le même costume.

Au moment jugé propice par l'Observatoire astronomique, le président et le vice-président du Li-pou se rendent au portail K'ien-tsing-men, pour avertir l'empereur que le temps est venu.

L'auguste monarque apparaît revêtu de son costume de fête solennelle, monte en char et sort du palais avec son escorte habituelle ; les deux présidents du Li-pou cités plus haut con-duisent sa Majesté.

Le cortége passe la porte Long-tsong et arrive à la porte de gauche du *Yong-khang* (ou bonheur perpétuel). Là l'empereur descend de voiture, entre et va se mettre d'abord à l'extérieur du portail Tze-ning où il se tient du côté de l'est, tourné vers l'ouest.

Alors un intendant du palais va prier l'Impératrice-douairière de venir au palais Tze-ning et de s'asseoir sur le trône.

Quand elle y a pris place, le président et le vice-président du Li-pou conduisent l'empereur au milieu de la salle ; là il s'agenouille et s'incline profondément trois et neuf fois (devant sa mère). Quand il s'est relevé, l'impératrice retourne au palais. L'empereur remonte en char à la porte gauche du Yong-khang, se rend à la Long-tsong-men par les salles Pao-ho et va à la Ta-ho-tien.

Aussitôt, à la porte du midi, les cloches retentissent, le tambour bat, la musique se fait entendre.

Puis au signal donné les membres de la cour des cérémonies viennent en rang de dignités, s'agenouiller et se prosterner selon les rites ordinaires. Après quoi ils montent l'escalier de l'est et s'agenouillent de nouveau, en se tournant vers le nord.

Alors le délégué hérault impérial donne lecture de l'ordre du souverain conçu en ces termes :

« L'empereur a décrété de satisfaire au désir de l'Impératrice sa mère ; il agrée que la princesse X soit la souveraine. »

« En ce mois propice sous cette constellation favorable il a fait préparer les dons et le contrat convenables, il ordonne à ses ministres d'aller chercher l'épouse choisie. »

Après cette lecture, le grand chancelier qui tenait le sceau de l'empire le donne au messager impérial qui se lève ainsi que ses lieutenants. Les officiers commissionnés à cette fin vont par l'escalier du milieu remettre la tablette et le sceau de créance dans le pavillon et sortent de la salle de La Grande-harmonie.

L'empereur retourne en ses appartements. Au signal donné, la musique commence. L'envoyé impérial sort de la salle suivi des chambellans et des officiers de la garde. Arrivés au dehors, ils se mettent en rang. L'envoyé tenant le grand sceau est avant ; derrière lui vient le pavillon à dragons contenant la tablette et le sceau d'or, puis le char de l'impératrice désignée, que suivent les porteurs du costume destiné à celle-ci et l'équipage de l'Impératrice douairière.

On va ainsi à la demeure de la future souveraine. Sur leur passage, la route a été parfaitement nettoyée, purifiée par les soldats de la ligne depuis le portail de la Grande harmonie jusqu'à la maison de l'épousée. Là aussi on a fait de grands préparatifs. La grande salle a été nettoyée, parée, couverte de tapis. Des grandes dames en grand nombre et dans leur plus brillant costume viennent y attendre pour conduire, suivre, assister leur souveraine, de hauts fonctionnaires en habits pompeux sont là pour remplir les différents offices.

Tous attendent en un profond sentiment de respect.

Des assistants viennent alors poser au milieu de la salle, une table pour le sceau impérial, une autre à gauche pour les cassolettes à encens, l'une et l'autre dans le sens de l'est à l'ouest, puis deux encore pour la lettre et la tablette d'or à l'est et à l'ouest dans le sens du nord au sud, enfin une natte à prosternation devant la consolette à encens et tournée vers le nord.

Deux dames désignées pour la lecture de la lettre impériale se mettent au sud de la table de l'est en face de l'ouest.

Quatre dames assistantes se placent à droite et à gauche de la natte de l'impératrice, tournées vers l'est et l'ouest ; les intendants se rangent au pied de l'escalier de la grande salle (1), en dehors, les uns vis-à-vis des autres.

Cependant le messager impérial arrive, et descend de cheval. Le père de l'épousée suivi de ses fils, tous revêtus des habits de fête, viennent au devant de lui jusque sur le chemin. L'envoyé entre, monte par l'escalier du milieu et s'arrête à l'entrée de la salle (2) du côté de l'est ; son aide de camp se met à sa gauche, l'un et l'autre regardent l'ouest.

Les pavillons contenant la tablette et la lettre entrent à leur suite, on les dépose l'un à gauche, l'autre à droite. L'officier de la maison impériale remet la robe et le bonnet à une fille d'honneur de la souveraine pour les présenter à celle-ci. On amène alors le char aux phénix (3) au haut et au milieu de

---

(1) Le vestibule du Tai-ho-men par où arrive l'empereur.

(2) Le Tang extérieur, le salon de la famille accessible aux hommes.

(3) Le char aux phénix, orné de figures de cet oiseau merveilleux. Le phénix est le représentant de l'impératrice comme le dragon l'est de l'empereur. C'est le char extraordinaire des grandes solemnités.

l'escalier, le char ordinaire et celui de l'impératrice douairière au bas des mêmes marches, à droite et à gauche. Les musiciens viennent ensuite se ranger des deux côtés de la grande porte.

Quand tout est près et que chacun a pris la place que les rites lui assignent, le père de la mariée fait son entrée, monte par l'escalier de l'ouest, vient devant le délégué impérial arrêté dans le Tang extérieur et fléchit les genoux. L'envoyé se tournant vers l'ouest lui communique l'ordre impérial. Le père l'écoute respectueusement, puis s'agenouille trois fois en faisant neuf prosternations. puis se retire à l'ouest de l'escalier.

Une intendante va alors avertir l'impératrice qui arrive conduite par une dame d'honneur et va examiner les vêtements.

Sa mère et ses dames d'honneur en costume de cour viennent se placer à droite du chemin sous le portail de la grande salle. En ce moment, l'envoyé remet le sceau à la dame d'honneur et son lieutenant prend la tablette et la lettre dans le pavillon pour les donner à l'intendant en passant par la porte du milieu.

La mère de la mariée et les autres dames s'agenouillent sur son passage pour honorer ces objets dignes d'un profond respect, puis se relèvent, mais l'impératrice elle-même reste debout et quand ils ont pénétré dans la salle elle les suit. On dépose le tout sur les tables préparées après quoi les porteurs se retirent.

Alors la dame d'honneur qui fait les fonctions de cérémoniaire conduit l'impératrice à sa place de prosternation où elle s'agenouille. L'impératrice reçoit la tablette et la lettre et s'incline.

Alors la dame d'honneur lit la lettre du souverain à sa choisie et sort pour la rendre au messager impérial. L'impératrice et sa mère lui font un instant cortège.

La mariée conduite par la cérémoniaire entre par la porte latérale et s'arrête un instant. La demoiselle d'honneur remet la tablette et la lettre au Nei kien qui les replace dans leurs pavillons pour les reporter au palais.

VII. L'union des coupes, consécration du mariage.

Quand la déclaration de l'empereur a été acceptée par son élue, on fait la cérémonie appelée *ho-kiuen* « union des coupes » qui consacre le mariage. Lorsque le jour désigné par la cour d'astronomie est arrivé on amène la chaise au phénix au pied de l'escalier de la grande salle intérieure droit au milieu, on l'y place tournée vers le sud.

L'impératrice sort par la porte latérale suivie des grandes dames qui l'accompagnent, tandis que d'autres la précèdent. Sa mère avec les autres dames assistantes vient à elle jusque devant le char. L'impératrice y monte ; sa mère et ses compagnes reculent. Alors l'envoyé impérial porteur du sceau du souverain monte à cheval et marche devant elle. Son père s'agenouille sur son passage, puis se relève et s'écarte.

L'impératrice se met en route précédée d'un corps de musiciens qui l'accompagne sans jouer ; puis du char de sa mère et des pavillons contenant la tablette et le sceau de créance. On passe la grande porte, les dames titrées précèdent sur leurs chevaux, les intendants suivent à pied. Les chambellans l'accompagnent des deux côtés, les officiers de la garde suivent les chevaux des grandes dames.

On passe par la porte du milieu du portail Tu ts'ing. Quand on arrive au pont de l'Eau dorée (Kin shin) (1) l'envoyé impérial descend de cheval, il prend le sceau impérial et entre au palais. Le cortège continue sa route, jusqu'à la porte du midi (*Wu*). Les cloches et le tambour de ce portail retentissent aussitôt ; l'équipage de l'impératrice douairière s'y arrête. Neuf porteurs d'ombrelles ornées de phénix viennent prendre la tête du cortège, toutes les grandes dames désignées comme dames d'honneur descendent de cheval et vont à pied conduisant la souveraine. La garde suit également à pied pour passer le pont.

(1) Le quartier impérial est traversé par une rivière. Sur cette rivière on a construit un pont de marbre orné d'or, de statues, de balustrades etc. Il n'est pas permis d'y circuler à cheval.

De la porte du midi on va au portail Tai-ho, on traverse les
deux portes du milieu de gauche (1), on arrive au Kien tsing
men qui fait partie des appartements privés de l'empereur. Là
le pavillon aux dragons s'arrête. Le messager impérial reprend
le sceau impérial pour aller le remettre à l'empereur et lui
rendre compte de sa mission.

Les chambellans et les gardes se retirent ; l'intendant prend
la tablette et le sceau d'or hors du pavillon et l'on se remet
en route. Ce dernier marche en avant, conduisant les dames
titrées que suit le char de l'impératrice. On entre par la porte
du milieu du portail Kien-tsing ; on s'avance jusqu'au pied de
l'escalier de ce palais où l'on s'arrête. L'intendant alors va
prier la souveraine de descendre de sa chaise et la conduit à
la salle dite *Kiao-ts'ai* ou « de la communication ». Les dames
titrées qui l'ont amenées jusque là, ne peuvent pénétrer plus
loin dans le palais. D'autres attachées à sa personne viennent
la recevoir et la conduisent dans le palais intérieur.

L'intendant délivre la tablette et le sceau d'or au gardien
des trésors et s'en va à son tour.

Le Rituel ne suit pas la nouvelle impératrice après son entrée
dans le quartier intérieur, ceci n'est plus affaire de cérémonies
officielles mais de joies privées. Un voile est tiré là-dessus,
laissant les deux époux agir à leur convenance.

Nous passons de là immédiatement à cette partie des cérémonies essentielles que l'on appelle *Ho-kiuen*, c'est-à-dire
« réunir les coupes nuptiales » et qui consacre l'union des
époux de tout rang. Voici ce que le Rituel nous en fait connaître.

Au jour propice on fait dans le palais intérieur le banquet
de la réunion des coupes. On le prépare dans le quartier intime
et quand tout est prêt les intendants vont en informer l'empereur. Celui-ci vient en habits de cérémonies et quand cette

---

(1) Ces portails sont formés de longues arcades ayant une porte à chaque
extrémité.

formalité est accomplie (1) les officiers du palais et les dames d'honneur qui y ont fonctionné se retirent laissant les époux impériaux seul-à-seul.

VIII. LES VISITES.

Le lendemain l'impératrice témoigne son respect à sa belle-mère l'impératrice douairière, en lui servant l'eau à se laver les mains et des aliments. De son côté l'impératrice douairière présente le vin et le diner à sa belle-fille.

D'autre part les intendants de service préparent un siège d'audience de cour au droit milieu du palais Tze-ning, tourné vers le nord ; puis deux autres à l'est et à l'ouest dans la direction du sud ; ces derniers servent quand on présente le vin.

On prépare le char de l'impératrice-mère et les corps de musique destinés à la fête. Avertie par les intendants, la vieille impératrice sort de son palais habillée comme le requiert la solennité, monte en char et se rend avec son cortège ordinaire à la salle de la Paix Bienveillante (*Tze-ning*). La musique et les chœurs accompagnent sa marche et quand elle a pris place sur son trône, la musique s'arrête. Les dames d'honneur amènent alors l'impératrice au milieu de la salle. Là elle fait six profondes inclinations, puis s'agenouille trois fois en inclinant autant de fois. Elle se relève alors et se tient un peu en arrière. On sert un repas, on couvre la table devant l'impératrice-mère ; celle-ci prend du vin et goute des mets. Puis la mariée, conduite par la cérémoniaire, revient faire 2 inclinaisons profondes et s'agenouiller une fois en se courbant jusqu'à terre. Relevée, elle

---

(1) Le *Ho-kiuen* se fait en Chine à tout mariage quelle que soit la qualité des époux et d'une manière identique. Les deux mariés se mettent debout aux deux extrémités d'une table assez étroite, chargée de vins et de fruits Les dames d'honneur prennent deux verres liés entre eux par un cordon rouge, et les remplissent de liqueur et les portent à la bouche des deux jeunes gens qui y boivent du bout des lèvres. Puis ces dames échangent les gobelets et chacun boit dans celui qui a servi la première fois à son conjoint.

Cela fait, l'union est consommée et les époux mangent des fruits et des sucreries servis sur la table.

va s'asseoir à la table. On lui présente les mets et le vin, elle en prend à son tour.

Quand elle a fini l'intendant fait enlever les plats ; l'impératrice revient faire ses révérences et génuflexions devant sa belle-mère et se retire sur le côté où elle se tient tournée vers l'ouest.

L'impératrice douairière se lève de son trône, pour retourner au palais. La musique commence aussitôt ; les cérémoniaires conduisent l'impératrice jusqu'à son char et quand elle a disparu, les dames d'honneur s'en vont à leur tour.

Le lendemain l'empereur se rend avec sa suite au palais de son auguste mère pour lui témoigner sa vénération et lui rendre les hommages prescrits. Il s'agenouille et se prosterne devant elle selon les rites.

IX. Félicitations a l'empereur et a l'impératrice.
Banquet.

L'empereur passe à la salle de la Grande Harmonie où tous, Kongs, Rois et Grands de l'État, viennent lui présenter leurs félicitations.

Puis une proclamation impériale annonce l'heureux évènement à l'empire entier.

En province tous les mandarins civils et militaires vont aussi au palais du gouvernement féliciter le souverain en la personne de son représentant et devant son trône vide.

L'impératrice se rend de nouveau au palais de sa belle-mère renouveler ses témoignages de respect et de là auprès de l'empereur où elle en fait autant.

Puis toutes les princesses, filles et belles-filles d'empereur viennent au palais de l'impératrice et lui prodiguent leurs témoignages de vénération.

Ce jour même la cour de musique organise un orchestre et des chœurs qui se préparent dans la grande salle de la Grande Harmonie.

L'empereur y vient en personne et donne un banquet yén à la nouvelle impératrice et à sa famille.

D'autre part les Wangs, Kongs, et hauts dignitaires sont réunis avec le père de la jeune souveraine en un même festin. Et chacun y est placé selon son rang.

Quand l'équipage impérial arrive les Wangs et grands inférieurs descendent de leur siège, des officiers de la cour cérémonielle conduisent le père de l'impératrice avec ses autres parents à l'est du vestibule du palais et là tournés vers le nord ils s'agenouillent et se prosternent trois et neuf fois. Après quoi on les reconduit à leur place où ils s'asseïent sur les sièges préparés ; on sert les tables, la musique se fait entendre. On passe le vin comme aux autres repas donnés dans la salle de Grande Harmonie.

Après cela l'Impératrice-mère donne un semblable banquet à la mère de sa belle-fille et à ses parentes. On le sert au palais du Repos excellent (tze ning). Les princesses et épouses de princes, les femmes titrées des Grands mandarins y sont invitées. Les intendants du quartier féminin préparent les chœurs et l'orchestre, les officiers de la maison impériale apprêtent les mets et les servent.

Quand l'Impératrice-douairière fait son entrée et se rend à son trône toutes les princesses descendent de leurs sièges et vont à l'est du vestibule faire six inclinations profondes, trois génuflexions avec neuf prosternations. Puis elles retournent s'asseoir ; on passe les plats, la musique joue des airs joyeux, on passe le vin comme au banquet président. Puis chacun s'en va après que l'auguste présidente de la fête est retournée à son palais.

Ce festin est le dernier acte des cérémonies du mariage impérial. Tout après cela rentre dans l'ordre de la vie ordinaire.